It's Baking Time

```
A F P Z V F S G X J U M M W Y C O S
K A D L H I E V T E A J R Q P A B O
V U O Q O C I D F C V L Y E K E Z X
E P W V B A K L A V A E U X M W Z I
C N O J E N O R P A A K X T E G V L
Q H V N B N O U W R B K E N A N T Z
K A Y A R O C O Y V S S R G S P C Y
V S E R N L D L P M N I F F U M S E
X X B S W I T F I S U H Z F R W Y E
Z G N O W A L Z E B B W D A E R B J
Q B B E F T E L X E O X L E T N W G
Z M L D T D U I A L G C T S T S S R
K K B U C Q U I M Q N R A G U S J Z
O P O D D C S C D R E P N G B K J B
O V R Q P R M E B X F L A E V H D H
H L K O N Y Q R I V K N T O G U R D
A K K F E B C M G X S A H P K W Z V
Q L X T N J V F N F U V K X Z P G E
```

APRON	BUTTER	FLOUR	OVEN	SPOON
BAKLAVA	CAKE	MACAROONS	PASTRY	SUGAR
BOWL	CANNOLI	MEASURE	PIE	SWEET
BREAD	COOKIES	MIXER	SIFT	VANILLA
BUNS	EGGS	MUFFIN	SPATULA	WHISK

Amusement Park

```
C F P S K R Z S W I N G S L C S Y I
O N R O C P O P R I J K A L F M Z T
D K I F A M I L Y A C Q Y M W L B N
V S X A L B P C L A C B E F E D G U
L L Q P S Y B X N E T R H U S L K
R G N U A D S S Z I R A E N H W O G
X D S H S N E K F Y C C K P C H R M
G K W C E A D M G J P T O W M A Y N
Z G Z O A C I O F U A V A A D U V D
S Z G O D N R O C N N T Z B S N B C
H J W Z I O U F K B E E H V L T I S
H Z O G U T H F E R R I S W H E E L
H F O N N T R T S H D B P V J D S R
P L D I C O I L E H L R U K A H F D
F R Q T L C I A S U I T C R B O U G
M R O T K D X P I Z H A A V M U D P
H V G E E Z A Y E D C P E X V S C F
D E T P J U U S K I D B T V P E Z X
```

BUMPER CARS
CHILDREN
CORN DOG
COTTONCANDY
DUNK TANK
FAMILY
FERRIS WHEEL
FUN
GAMES
HAUNTED-HOUSE
MAZE
MERRYGO-ROUND
MINI GOLF
PARADE
PETTING ZOO
PICNIC TABLES
POPCORN
PRIZES
RIDES
ROLLER-COASTER
SNACKS
SWINGS
TEACUPS
TICKET
WATER SLIDE

Movie Theater

```
G M K I C T F W K Y S M G L J H A U
J C R E I H S A C T R E S S N C X R
N A G C M R U O R I C O B Z T X G J
I M K N S D N E I R F A M I L Y H V
R E L L I R H T T M M I O A O E X W
T N T E O T K D I R G N C A N D Y H
L I N C D D A Z C A W L J B A C K B
E C P R E V I E W E W J F C S M E F
O A Y Z O K D S I K U T R X O D L
P M J H X T M N C V J O B O A S M A
A E S P E G A I R O R R O H Q C V Y
I D F P P C F L E M T X O U S Q P P
K Y H S K O C U E Z P J I O A P Y C
Y R S S F U U T N N H E A V I O L Z
E O F U N I O B E M T H P Q A V K Z
U L D L U P O Q A U Q U O I P K U U
E A W E P H M V D M B I K R S R S B
A S P S Y K Q P J A J Z T Q R B A S
```

ACTION	CASHIER	FAMILY	POPCORN	SEATING
ACTOR	CINEMA	FRIENDS	PREVIEW	SNACKS
ACTRESS	COMEDY	FUN	QUIET	TALENT
AUDIENCE	CRITIC	HORROR	ROMANCE	THRILLER
CANDY	DRAMA	MOVIE	SCREEN	TICKET

Winter

```
V S F F U M R A E B R A L O P I T L
Q K H T A S Q C O O H F V T A L D C
H X E Z D N A M W O N S O U P J I J
N S K I G L O O O T D B R P J Q S H
W Y Q K P E N G U I N K H F A N F Y
V A N E Z E E R F J M M X L W W P Y
P D R A Z Z I L B F C Y I M R T I F
T I U S W O N S C A R F F X T R B Z
F L D D W C N H H I D O D R C O U K
D O Q B E E H T S O C K S N U Z L O
N H P U T L A H C A B I N T I J X U
N Y B T B E S T O O B R W O A P V I
S S I D R S X C E I A E P U I I R B
I M H W C B O R H R G T M A T W Z W
G G G U P C D G K G B U V Z Y G P S
A O J R Q N G V Z I H L G J A C X A
Q R E G Y X C W C W L K Z Y C C M A
N E L T T J G H L R N D B J A J Q F
```

BLIZZARD	EARMUFFS	ICICLE	SCARF	SNOWSUIT
BOOTS	FIREPLACE	IGLOO	SKI	SOCKS
CABIN	FREEZE	MITTENS	SLED	SOUP
COAT	FROST	PENGUIN	SNOW	SWEATER
COCOA	HOLIDAYS	POLAR BEAR	SNOWMAN	WREATH

Spring

```
G U B Y D A L P G J N H K A P G I D
W T Z K L I D O F F A D W S H D A N
J V N A E F R S R Y M R W L W U N O
S X C E Q F R R T S N N T I M E M H
C T B R E E Z E N I H S N U S A K E
Q U U B W R X W T G B D X T L K N P
W R A O P M G O A T Y B B L C I S I
U V L A R U L H L H U X A I A K P E
J F A A Y P D S H L W B H R K L Z N
K N Q A Z I S D B E E C Y P M N W A
B V E R J C A S L S M K M A Y A C B
V B H Q W N O S A E S Q R L P A V E
B A C D J I Z B U R P P N Q P W F Q
S N N U C C A G L D G K V Q W Q I Y
X U F I R S W K T U W V M C Z Z W O
Y B T U Z E E R C T A Q Y J Y U V P
L S B J I B G C G W H V T R H V F G
U X M I J Y F T J M C S X U S M D Z
```

APRIL   BULBS   FROG   PICNIC   SHOWERS
BASEBALL   BUTTERFLY   GRASS   PUDDLE   SPROUTS
BEE   CHICK   GREEN   RABBIT   SUNSHINE
BREAK   DAFFODIL   LADYBUG   RAIN   TULIP
BREEZE   FLOWERS   NEST   SEASON   WINDY

Summer

```
N W G F K F M T F P E K H P V T P U
B X Q I Q W I C J V Z G Q T X K W N
S P P O M K C O M M A H I S B R W O
W Q A J Q U B A R B E C U E S O E E
I A H W I W G C X S E N A P J Y L V
M T T L C Q O K Q C S C O T R C E O
M G W E X M B D R C H L I L I X M X
I P S K R O W E R I F U H S A O O X
N O S R X M A E V P S G P M A C N L
G Q E O T M E T I M N O A L D N A Y
O H P N C N A L I H P X M O W U D H
D W E S U R F W O E K W B W M E W W
T T W F A V S C I N C I P K U T D J
O S X F K R E A E U Y A W G L D W E
H B K W T A H Y S Z Y P H Y J T Z K
K S B Q N T W J S U H R E J S X D V
Q R M Z R F K X E I F F H X F M W F
E C B B Q U U Q W L T X U A O E C R
```

BARBECUE   FUN   ICECREAM   SAND   SWIMMING
BEACH   HAMMOCK   LEMONADE   SNORKEL   SWIMSUIT
CAMP   HAT   OCEAN   SUN   TENT
FIREWORKS HOT   PICNIC   SUNSCREEN   VACATION
FLIPFLOPS HOT DOG   POPSICLE   SURF   WATERMELON

Fall

```
U W F A P V R W Q I P G O V O C Y U
K U Y M Q L F T F Y H I W L S X S K
O J L H X A E P X A T E A H E L I F
Z Q L L R S C A R E C R O W B L H D
U T I M A C U V V R W R A H C R W A
E E H K K B E E A E P J S C I J B B
U O C H E S T N U T S A U N T F F N
C I L L T R B O C M U C I Y R O J N
P S P A U E P C O Q X K Z O U O R O
Y P B J R F I E S F P E S P O R C G
A P E R K D X N T M B T Z O I L A A
S P I D E R C I U M Y T Y U U D N W
E E F R Y E C P M H H F M T E Y D P
S W Z L N G L F E V H L D O D F Y C
C N N L U J C H P E Q J T Y O S E E
N G T J R X V H P L L E I M B K M O
H I Y T K H M E E Y W E C X B G S O
W V I C N Q V U U Y Y U G O K R U K
```

ACORN	CHILLY	FARM	LEAVES	SPIDER
APPLE	CIDER	FOOTBALL	PINE CONE	SQUASH
BATS	COSTUME	FROST	PUMPKIN	TRACTOR
CANDY	CRANBERRIES	HARVEST	RAKE	TURKEY
CHESTNUTS	CROPS	JACKET	SCARECROW	WAGON

Sight Words

```
N T O G E T H E R U T C I P Z T R O
O J I I K C C H A B W N D M I B Y A
B T H C I E N O D U C Y O O O T U F
Z N M H L C L E A N I T F B O W W P
W L N K F Y E H T D U N I X H W G O
F Q Q L N Z Z U X N B O B K M U N Z
F R Y R K L T C X A E F R E L H X D
X C B W F X H G U A L S O A S I B C
L K H E Y W F T N Q P F U G O W W X
J Z W H E V B W N A O Y G A R B S I
P Q H S K T U C T U E O H I C C T L
J R A S O O M O R F P H T N E E B K
Y X V L S A I D J R J E K W Y S B T
D L L X Q B L U E C E C J H R R V U
Q J T G G U K T X C O E R S A D W G
K F K N O W T N A E U G U L W X M N
H A L W A Y S Q G J M E Q T D E X Z
H H Z V U W X E P S N L P H G A S Y
```

AGAIN	BLUE	FROM	PICTURE	TOGETHER
ALWAYS	BROUGHT	KNOW	PRETTY	TOO
AROUND	CLEAN	LAUGH	SAID	WANT
BECAUSE	DONE	LIKE	SENTENCE	WOULD
BEEN	FOUR	PEOPLE	THEY	WRITE

Around the World

```
B A A Y L F P X P Z S R F K W K V E
C C Z G V K A P Q O A Q R I E E K R
E X L M J Y A V A V U P A N N J D W
H M C L V L T R M M K A Y E I N Q H
U S Q E Y C H P U U T A Z M I N O P
H M G C H E H A Y I U U R E P R O G
R B E L H Q W I H G E S R Y O U T D
U C D M N R P B U L E T Y K Y H Z Z
H D H V O U U R A E Z R R B E N V S
T W K E Y C U E C B N A M O R Y U J
G Z Y I L S I S I A M L Y A N F D L
N N Q B S Q T X R N N I T B N U O J
Q F V I A N I G E R I A Z O I Y X V
C K A L G T A D M M Q S D B L L D M
B U T L Y C H P A J F I S A N W P D
U Q T T C T Q T A M O J T O F T G E
E J Y Q M V T V J J D I I D R M M J
G K F T G Y Z M I G Y F H I G U F B
```

AMERICA	EGYPT	JAPAN	OMAN	TURKEY
AUSTRALIA	FIJI	KENYA	PERU	URUGUAY
BELGIUM	GERMANY	LIBYA	QATAR	VENEZUELA
CANADA	HAITI	MEXICO	RUSSIA	YEMEN
DENMARK	ITALY	NIGERIA	SERBIA	ZIMBABWE

Pizza Shop

```
H C I W D N A S G N I P P O T V F L
R H V X N I G W L G D E X O B K M H
B E E F T T Z W S O P K M C D C X G
B E T L E S P A U P D A L A S Z N N
V S I T C G U G E P T T N G X X H N
N E W M U S H R O O M O N N X E U R
F I G B A C O N C L R O W P F R P O
D B I G S N J V H D E M G D N B E W
Y R E V I L E D E H A O Z C I A Y M
S M I X P E I R F N H Y B Z G H R J
Q M E N U O S C W G U C L C Q M V K
K G O N K R A R E X M A T T U O W S
I Z X X G X D E Q N F O V E A F B J
C F N W H Z M B K U X Q M K W M Y G
U T J O L I D Y O M O E J R I E S T
X H E I M T M M Z O I N M J E G R W
Q H U G T S Q W U Y W M G Z S H Y R
Q Q M K P R B Z E I I U G S O F X N
```

BACON	CRUST	MENU	PEPPER	SAUSAGE
BEEF	CUTTER	MUSHROOM	PEPPERONI	SLICE
BOX	DELIVERY	ORDERS	SALAD	TOMATO
CHEESE	DOUGH	OVEN	SANDWICH	TOPPINGS
CHEF	DRINK	PAN	SAUCE	VEGGIES

Bug and Insects

```
I F Y S A M Z O P O F A L L X S O C
I S B Q D E O D B X A L D X K T R Y
L X S F C U Q S L H U H Y A Y I O V
X O L I A N S Q Q B D B J Y C N A D
K N Q S T I C K B U G U B K N I T S
M E I L E N U L J C I T E W F G C Z
C O C K R O A C H F M T W W L U E A
D V V B P H P M C Y I E O V Q B E U
T E W A I D O Z G M L R A A K Y J F
S J K H L Z I P R N E F E W L D X U
V R J E L T E E B D I L N F Y A B Y
V C B X A O T L I U F Y E O L L V U
B N D I R E P P O H S S A R G Y E D
T N T H U D S E L T R I V R H A M O
S R S K X B A H C O Z O V R P F R N
E Z C M P D W U H M B Z T T A Y O D
T O O P F E Z Y S F J J S R X J W F
U X Q V D R F V C B D S N V E Y K U
```

ANT	CICADA	FLEA	MOSQUITO	STICK BUG
BEE	COCK ROACH	FLY	MOTH	STINK BUG
BEETLE	CRICKET	GRASSHOPPER	PRAYINGMANTIS	TERMITE
BUTTERFLY	DRAGONFLY	HORSEFLY	SNAIL	WASP
CATERPILLAR	FIREFLY	LADY BUG	SPIDER	WORM

Fire Safety

```
L B O Y I V X A W E N M Y X M K I M
J L W R M Y Y C P L T R P O Z C K B
B P Z S T W D J U G A I W Q N U U R
G D M M U S O F Y L O D X O T R J E
E N V T P M F X A C C I D E N T M D
X A L E J F O R G W G Z V E A E C B
T L Z T T S M O K E D A C I R R A B
N T P C G R D R S C C D O G D I X K
W N T X J F E K A U B R E W Y F D I
I M L H A G Y U A H P N E X H I W R
Z M M S N O I T U A C M K I O H Q J
T P B A D G E C E Y A R J T F U U H
H C D B X M N N P F W D P H M Q Q M
Q R F B L L Z H X V A I O Z U H V E
H A H E Z A L B O O T S V K R O S X
W G H I M H R X J D E D Y D H I T X
J Y L O R T Y F J W R M J A Y F P M
E Z F U Y T R L J S J X M B V N A U
```

ACCIDENT   BOOTS   DOG   FIRE   HYDRANT
ALARM   BURN   EMERGENCY   FIRE TRUCK   LADDER
BADGE   CAUTION   EVACUATE   HARM   SAFETY
BARRICADE COAT   EXIT   HELMET   SMOKE
BLAZE   DANGER   FIERCE   HOSE   WATER

The Human Body

```
C N Q T C S E F W B I Z R C D A R J
Z Y O H P J S Q L H M X H P Z V U K
M O E Y N M H C I A J C T P I H M N
F S F Y T V E Q P O C N U D N Y U E
T X Z S R I A H F C U I O B Z C D E
P E I L T S B L B Z L H M Y A W Y B
D R I O P U S M Y W S S P E T M Q G
W R M W G M S U C A I B A K P L A O
D B E R G F H U R I U I P U E I K E
W C T G R L E G Z S V X H C M T U D
O S H A N D C S I T E D U R G H V I
Z G M E T I H G I H T Y A R R H R G
E C N S E P F E A H V O E U K M V L
T A J E E K J S D Q H R T X X I S V
O X R W C A K O V E Y D W X P S P Q
E L B O W K Z N E A R H C A M O T S
T U K G W Y T L E Q H Z U B R G C A
D X H G M D E F A N G O P C S S W O
```

ARM	ELBOW	HAND	LEG	STOMACH
CALF	EYES	HEEL	MOUTH	THIGH
CHEEK	FINGER	HIP	NECK	TOE
CHEST	FOOT	JAW	NOSE	WAIST
EAR	HAIR	KNEE	SHIN	WRIST

Transportation

```
O P I H S V F C K R S E B B D F W M
I J J X H E H I Q Q E I A J W Z H X
I L L E A R J F R N K T A P F C X Y
N G N C H T J V R E T P O C I L E H
L R A R T Q R D N V E L Z O A L C U
Q N B G Y Y U A K C I N K T C Z N Y
W U D B Z E L W C C L S G Y J S A N
L C R G N P Q L E T U Z C I K I L U
E G A I R R A C H B O R V A N R U X
F P A I G V A Q L Y O R T P T E B C
Z R A L X R B O A T C E A P L C M Z
T F I L K R O F O W S U P C M X A V
R X R Z H H Z M S B M G Y L M U I P
O A Q B C I N W G G O C P P X A D X
Y U W S J R O Z C R I H T Z O H R H
K N W D D P F T O N V B U E E S Z T
F F M H Y A W B U S Q I H W J C I U
R A H W X I Q K N Z H T D L E P D X
```

AIRPLANE	CAR	HELICOPTER	SHIP	TRAIN
AMBULANCE	CARRIAGE	MOTORCYCLE	SKATES	TRAMCAR
BIKE	DUMP TRUCK	POLICE CAR	SUBWAY	TRUCK
BOAT	FIRE ENGINE	SCHOOL BUS	TAXI	UNICYCLE
BUS	FORKLIFT	SCOOTER	TRACTOR	VAN

On the Farm

```
B D T M Y E S N G N T E V N P T W D
S I K S S Y T K X H R D R E G U P N
I A V F S T A B L E A O K H C M L N
E O K Y E N O H M L C N U O A H F X
H Z S V S P R R Z T T G W F H F S G
W V C V F Q A E R T O O B E B N S O
H U A N S F P S B A R N A G S L T O
P U A C D K P I T C C C B F T M Y N
C W V G H L L P G B H R M C D W Y G
B D H B H I E R G H A G E O U O X H
S O Y P P M S I L O R V L G Q K T V
M F S D E E R O F L D P B J G Z K P
Y X C I O E O V E V I C Y B C S Q W
Z U J P K W H K Z Z C Y T Q Q F R A
F N Z M R W C S B T P G T C H A H P
B H S R A H R H U E Q X S I M Q Y S
J W U P S B P G S Q Q F R H H T B O
L I J Q J Q S E L Q D S O C P G M Z
```

ACRE	CATTLE	EGGS	HEN	PIG
APPLES	CORN	FARMER	HONEY	SHEEP
BARN	COW	FIELD	HORSE	SILO
CARROTS	CROW	GOAT	MILK	STABLE
CAT	DOG	HAY	ORCHARD	TRACTOR

At the Beach

```
E G C O W I X S K B A T I E H J H A
R P Y R U M R U C B T D L H S N V O
I L L I A P E I X L J R L N G U W L
S M I R Z B E L R M L S O G V N T W
D T M S S D W V K S U R F E R U Q P
E E A U R G D V C R K D U A D T P V
X V F R G L U L O E F N R L I C T G
A U Z F F S L K L P E W T R B L W I
K M P B H I Y T B P Q B H H P M I N
A B V O S M S J N I T F Z G E Y B O
E R V A A A K H U L W W R J Z P N W
N E E R C S N U S F L E I W Z O J F
L L R D V R M D E U O E A V Q V B Y
U L N T E Z P X A Y N V H O I H A S
V A D U M G O G G L E S C S Y X Y I
S E S S A L G N U S S N E Z Q Y A R
H A Y T T B A L L X T F B T G Z R I
P T D U Z N Q P L F A V R I F U J U
```

BALL   GOGGLES   SANDCASTLE   STARFISH   SUNSET
CHAIR   PAIL   SEAGULL   SUN   SURFBOARD
CRAB   PALM TREE   SHELL   SUNBLOCK   SURFER
FAMILY   SAND   SHOVEL   SUNGLASSES   UMBRELLA
FLIPPERS   SANDALS   SNORKEL   SUNSCREEN   WAVES

Occupations

```
P T A N C W S C I E N T I S T E Z E
N H V K Z G O O X Q B A G S O O W I
A E O I I Y P N O X P O I B K J B O
C R O T C E P S N I L L O C U G M O
U A T T O N K U U T Y Q I D I W W T
S P S N S G T L R T Z T G Q Z S W W
R I I H T I R T S I M E H C P R U B
R S U F I N T A E O V R U R I K A M
C T W P K E I N P R X R O T C O D D
Y M N N A E R T E H M F E F L O Y K
L Q T C P R H Y Z D E R N B E V Z S
J M H Q Z I W X B S C R S R R I M Q
N E H I A A L T S O H E Q F K A Z D
R L T A L K P O N B A G K N G P B Y
V X G M E H R O T I N A J E U J T V
T S G Y Q N Q Q K A I N B X I J V I
Z Z M A G F W X V B C A V A W F W I
R P H R E S G X B P O M M K W D X T
```

BARBER	DENTIST	JANITOR	MUSICIAN	SCIENTIST
CASHIER	DOCTOR	JUDGE	NURSE	STYLIST
CHEMIST	ENGINEER	LAWYER	PHOTOGRAPHER	TEACHER
CLERK	HOST	MANAGER	PILOT	THERAPIST
CONSULTANT	INSPECTOR	MECHANIC	PROFESSOR	WRITER

Toys

```
C A K B R C W L C N M E L B X Q C G
Y L U W F A S Y V J S T I C Q R H R
W C X B G D E A B R A C E C A R S B
E F R O X W M B O R C H O F P E S Z
V H N G T Y A H Y C H A T O B A L G
D V E E S L G O G D F S E L T T L I
Q L C L L N D D I K D K V N Y E O T
U E V O I Y R Y E M I E M K C U R T
I B D K N C A A V B N T T Z N I T O
D C C S K C O L B X O C C I L X V U
U O Y O Y I B P L M S H F H K Q E X
R N K W A W K D T R A I N L E A F E
L V I D E O G A M E U E J B A N U Q
E T P U I E E B S I R F U E D F P N
V F P W C M W A W C U L M R A F Z A
O S F J P V P I P I U S W P X A I J
S S G X H H Q O Y W R F A A J E M Q
K L M J Q C Y X E U Y C M S V O Z W
```

BALL   DINOSAUR   KITCHEN   ROCKINGHORSE   TROLLS
BIKE   DOLL   KITE   SCOOTER   TRUCK
BLOCKS   ETCH A SKETCH   LEGO   SLINKY   VIDEO GAME
BOARD GAMES   FRISBEE   PLAY-DOH   TEDDY BEAR   WAGON
CRAFTS   HELICOPTER   RACE CARS   TRAIN   YO-YO

Hobbies

```
S Y J F Y L G W G D L Y G U D C N E
D L G H A A L N A Y U I O N Q A C D
Q Q L O C Q I A I B L O G G I N G K
A T K C A D G T B T G E Y B A K N V
R H S K A V K N O T N I M D A B I I
J T L E X E R C I S E I N G F V K B
W Q R Y L A O Y Z K S K A I O U O L
A A B M U Z G M O V I E S P O M O Z
A U O Y U P Z S S T L H T A T E C C
P J N Y K U P U I O I U I R B B S O
V J V K Y G S M P N C Y C R A F T S
W E H C B A Q U G D N C S U L X R Q
Y Q X S J K Q P W W T E E D L C B W
V S A U E V O S W N W L T R U G B Y
H Q W Q L H Y W T I R H A O V J O T
H G M O N N T T N G V R L L S V T J
S T M B M M O G K Z R G I Q K G D H
Z E T O Y F B V W G N Q P C X Z P O
```

ART   COOKING   FOOTBALL   PAINTING   SEWING
BADMINTON   CRAFTS   GYMNASTICS   PILATES   SOCCER
BASKETBALL   DANCE   HIKING   PUZZLES   TENNIS
BIKING   EXERCISE   HOCKEY   READING   YOGA
BLOGGING   FISHING   MOVIES   RUGBY   ZUMBA

Feelings

```
N P G X R D Q T F D L X C M R H W K
D E S I R P R U S S O O C G F T R R
T E K X B C Z E W Q N U J I X R D Y
B R I O S B X D F T Q Q B D P I B V
D X K F R C M D E S S E R T S O L Q
I M F S I B L N K I B K X T F M O F
C D I T B R T Y Y K R J U O U U Y P
L D E I F I R R O H S R V L D Q L X
D D C D B G S E A D B R O E V F S P
R C Y L N P I L T E R K S W L N Z Z
P P E A C E A I D Y H U B L Y M Q J
D T Z I Q G F E Q O F D N G H R Y T
U C Y J D A S F O N B G W H T T S W
R U H I Y U F L O N E L Y T A A S P
W C O Y M F Y C N A C X O R P P O B
I H J A U R Y R M V S Y J V M I P U
Q V U J K G R J T P L T O H E M S Y
R K Z B L W R U B S G F S K R R H U
```

AMUSED
ANGRY
ANNOYED
CONFUSED
CONTENT

DISTURBED
DOUBTFUL
EMPATHY
EXCITED
HAPPY

HEARTBROKEN
HORRIFIED
JOY
LONELY
LOST

LOVE
OFFENDED
PEACE
RELIEF
SAD

STRESSED
SURPRISED
TERRIFIED
UNHAPPY
WORRIED

In the Neighborhood

```
B D P L M L L M V U R Q C D K H O N
G C O B Q L O G B Y X W F T U U F O
B O L E F J Y O I J J X R P B P U U
P F I R I M G C H N Q A E S G P E G
J F C O D Y Z M D C I T S F Q P F W
A E E T N Z R T B N S W T U B O K I
I E S S T G E H S T U M A L L H Y A
D S T Y X V T T O F L O U R T S Z U
H H A R D W A R E S T O R E K O Z G
H O T E L T E L J L P Z A G S T X J
S P I C I H H W K Q I I N S Y U N L
D S O O C R T M A N H B T W B A M A
G H N R I C S Z Y C A M R A H P L A
T U U G C Z I V U K Q B S A L O N P
L H S V U I F D E W R U P A R S N K
C X G G G L N R C D W P D B M Y G Z
T K J Y L A Y A X X P H F C E O P K
Y P Y E L W Y B G D H Y L M W T Q G
```

AUTO SHOP
BAKERY
BANK
CHURCH
COFFEE SHOP
GROCERYSTORE
GYM
HARDWARE-STORE
HOSPITAL
HOTEL
LIBRARY
MALL
MUSEUM
PET STORE
PHARMACY
PLAYGROUND
POLICESTATION
POOL
RESTAURANT
SALON
SCHOOL
SHOPS
THEATER
TRAIN STATION
ZOO

Favorite Foods

```
N U B N P C S F O H D E G T M D K E
L O E T R K N U G S S Q E F T E R A
D A L A S O O C C O D T C I C K S S
P E F E K A C P U C A Y K C D D J H
F W F O M V A P G L K A E T S J G B
N Y A V R R B G O Z X C I O K H S U
N P W Q U C E C R P R R C Q C Z W E
L J A V S T O T R E T A T H B E Z S
F R E N C H T O A S T B M U G A A X
M F B Y C Z E M K W A S R W F O Q V
D T A T S A P S A I L G B N O C I I
T B L N B Z K X V E W O O C L M Q
Y V Z P E Z S E I R F S X D L M W C
F P Q Q F I Z T S X Y H E M T K U Z
M F A N N P M H T B R R T E N O N F
S G S M O C J C Z F A I L M H N H Y
J Y P P H T Q E K W D M N G H C I Y
J V B W M B B F P J G P I Q R J W C
```

BACON   CRABS   HOT DOG   PIZZA   STEAK
BURGER   CUPCAKE   ICECREAM   POPCORN   TACOS
CHEESE   EGG   LOBSTER   SALAD   TATERTOTS
CHOCOLATE   FRENCH TOAST   PANCAKES   SHRIMP   WAFFLE
COOKIES   FRIES   PASTA   SOUP   WATERMELON

Ocean Animals

```
H X I O E K Z E U N F G O L A G N D
S S K W R Q D F F N G V U V K F G D
I W I V L M V O T T E R A I N S J K
F O C F W M C M B T X I K J H P J B
Y R H D R T O R Y E X D L I S E D F
L D U S O E O B A V L B S V A Z N A
L F L P I L L V R B A S S G L F S P
E I U L H F P G G R N S T T M K Q P
J S C D I X R H N J E Z X C O C B G
T H R W L J P A I A M T E Y N C O Z
C U C O A M C N T N O G S H E A R F
M N M G H L I U S S N T Q B I F T T
G A R D E A R T K O E Y U P O H P W
B M O P M T E U P R L F I C O L J B
O N O I L A E S S I A S D J W D Q T
M J V E S B L I D J H H U K I V M G
E K Q M S Q V C K P W X S I H E Z B
K D D Q X D D Y J A X N C T E Q I K
```

ANEMONE	CRAB	OTTER	SEA TURTLE	STINGRAY
ANGLERFISH	DOLPHIN	OYSTER	SHARK	SWORDFISH
BARNACLE	JELLYFISH	SALMON	SPONGE	TUNA
BASS	LOBSTER	SEAHORSE	SQUID	WALRUS
CLAM	OCTOPUS	SEALION	STARFISH	WHALE

Fruits

```
D S I E E J J Y H U W O L S N R G I
T V H M T L E K M C A M J C B J W I
M C G C Z M L I Q E U J P L Y E K A
H L O W A K L X W W U W Z W X O K V
L U F R D E T P X P L A O X F Y V A
B A G O M I P V L D L M M F E R P U
D X C O C O N U T X A V O L M R Q G
V Q N Z M Y M L O E T T P X I E J R
F D A W M R F K D L P P I C L H X F
Y I Q H M R A G O D A C O V A C X E
E W E D Y E N O H E M T Y J R V P O
N I U K O B O J N R B A N A N A T N
P K R D V K S I I B E G N A R O O D
Y A N O X C P B S E U B V G C F O G
M P T A G A V E I R E G W B O A B G
E F N B I L N R A R S T X Z X P I H
S T R A W B E R R Y H R G M G F O F
O A F G U X E Y W S D V X S Z U Q T
```

ACAI	BLACKBERRY	ELDERBERRY	KIWI	PEACH
APPLE	CANTALOUPE	GOJIBERRY	LEMON	PINEAPPLE
APRICOT	CHERRY	GRAPE	LIME	PLUM
AVOCADO	COCONUT	GUAVA	MANGO	RAISIN
BANANA	CRANBERRY	HONEY DEW	ORANGE	STRAWBERRY

Vegetables

```
A W T H S I D A R M M A N W B S F T
U R G G T Q W Z U S N X X T I H J X
Q E R H Q D U S N A D I A S I L A Z
S W I S S C H A R D N C C U K Q F L
X A F L Q R E T S I A A A W K J H V
D T R T O B I U H H L B H R I H B K
P E D O N C G C X L U B O K R A E R
Q R M E H A C N I N G A U A K O E C
O C E O R U L O U N U G Q L P D T L
P R K A Z F N P R Y R E L E C K A M
G E P O T A T O G B A H A W W Q F G
M S P I N A C H I G R S S E R O X B
A S O P D K C L A N E M Y P P Y I N
Q P K M E S R K C H O X W I U G W S
W P J U E R Z C W J W R U W Q R J S
M F T W N U A G D F I U J Y X Z B M
U H Q G D I P Q N R A D B N M X R G
Z P Z E N I I Y I X R R A M J T M B
```

ARTICHOKE
ARUGULA
ASPARAGUS
BEET
BROCCOLI

CABBAGE
CARROT
CELERY
CORN
EGGPLANT

GREENBEANS
KALE
MUSHROOM
OKRA
ONION

PEAS
PEPPER
POTATO
RADISH
SCALLION

SPINACH
SQUASH
SWISS CHARD
WATERCRESS
ZUCCHINI

Zoo Animals

```
J M P Y F J V R B L E M U R Y Z A X
U L T K O Q Y B F S K B H V X H H A
C V R O T A G I L L A I P P B E G W
Q F W G D E U O K A N G A R O O X X
X B L N V E T K R O S L W W Y I E
U X A I O H L C C I E Q A I X Z C X
J P D M O N K E Y O L R A E B J H Y
L H Y A Z N R G P R T L F T E A V B
L J V L W O G A L H T F A O V F E T
W I G F S K R K O H A K W Y Q X N Z
R Q C H Z D H G R R R N E O P V G J
U M U L X G G Z I E B Q T C H Y R E
V A U E F D W G E G E I H E I N O P
C I E X F C U M R I Z H S M L K U C
W B R B G A H H S T D F T O Y O Y R
C Z A G N F L M L A W X J Z N E P M
G T T A H R F J W V M U C V P H G E
R D N I H B U Q O C G N C C U Q V S
```

ALLIGATOR	ELEPHANT	IGUANA	MEERKAT	RHINOCEROS
ANTELOPE	FLAMINGO	KANGAROO	MONKEY	SLOTH
BEAR	GECKO	LEMUR	OWL	TIGER
BISON	GIRAFFE	LEOPARD	PANDA	WARTHOG
COYOTE	GORILLA	LION	RATTLE SNAKE	ZEBRA

Let's Review Colors

```
P F C D P I B E A G L P S K J Z H S
R K D D L L T Q K R L W F F H G M G
U D X D U A D B J J V X L U I M J W
N Z G E M Q C Q J Y L J G O V M I D
S C Y E T Y K E B A B U S C D M I N
L D Y B S I L V E R S W J J Y O E A
R X Q K N S H T O G S E T W V X S W
M G D C M I W W E C N O O R A M M U
R C Y G G K N C A B O A Z B N G E X
F A I E N C H P N T T Y R Q N U H A
N R Q I L A S P E N F Z L O V L O B
C P P U R L P L E Q O R U Q C N D Y
E I X C A B O G R A I F H F I Y I N
V G O L D I A W G E D N R Q I S J M
I A O E V M W L R N K V R N P X U E
L A R O C Y B A Y K N E E I K X E X
O E R L X S A I K V W I Z U H S H Y
B Y W S H J Z G F F C K P T I G L J
```

AQUA	CORAL	IVORY	ORANGE	SILVER
BLACK	CYAN	MAGENTA	PINK	TEAL
BLUE	GOLD	MAROON	PLUM	VIOLET
BROWN	GRAY	NAVY	PURLPLE	WHITE
CHARCOAL	GREEN	OLIVE	RED	YELLOW

Let's Review Shapes

```
J P E G M T R N J U Z L S W Y N Z P
S J I K G V D I O B U C D R L J O Y
S A S D C N P S E R F E J F N D S R
X V N H Y E T F M E D P H M J O E A
S P B K P Y Z R A A J E E L Y C M M
H N C X U G M J I O X N H X T T I I
O A Q J L S U Q Z A V T L A W A C D
Y Q X N Y V T T G H N A N B S G I U
W N T Q U N V O P E O G L Q J O R O
D Q J P I Q N Z C F L O L D Z N C D
D X O H Q X C S W E H N Z E I Y L I
N V C Z P U E Z D I O S P I L L E A
E Q Z N H R H F S G T A Q I L B C M
D U W C C P Q Z A A R X N U U X C O
M G X T R R R N R T A D E C A G O N
Y A X G V A O N E R E H P S W R N D
P X I J P N M S G R H Y F B Q O E G
S R W M R V I K S D Z N F C K P A P
```

CIRCLE	CUBOID	HEART	OVAL	SPHERE
CONE	CYLINDER	HEXAGON	PENTAGON	SQUARE
CRESCENT	DECAGON	ICOSAHEDRON	PYRAMID	STAR
CROSS	DIAMOND	NONAGON	RECTANGLE	TRAPEZOID
CUBE	ELLIPSOID	OCTAGON	SEMICIRCLE	TRIANGLE

www.ingramcontent.com/pod-product-compliance
Lightning Source LLC
Chambersburg PA
CBHW081130080526
44587CB00021B/3822